Inhalt

Zertifikate laufen Fonds den Rang ab

Kernthesen

Beitrag

Fallbeispiele

Weiterführende Literatur

Impressum

Zertifikate laufen Fonds den Rang ab

G. Dengl

Kernthesen

- Der Umsatz herkömmlicher Fondsprodukte ist seit Jahresbeginn deutlich rückläufig. Der Grund: Investoren bevorzugen zunehmend Engagements in Zertifikaten
- Zertifikate verbriefen im Gegensatz zu Fonds keinen Anteil an einem Sondervermögen sondern stellen lediglich eine Schuldverschreibung des Emittenten dar, dessen Bonität ist also von hoher Bedeutung.
- Zertifikate sind aufgrund ihrer flexiblen Konstruktion in den allermeisten Fällten deutlich günstiger als vergleichbare Fondsprodukte und locken mit einer

höheren Transparenz gegenüber gemanagten Fonds.

Beitrag

Seit Anfang 2004 wird immer deutlicher, was Brancheninsider schon länger ahnten: Die Investitionen in Fonds, vor allem von Privatanlegern, gehen immer stärker zurück, obwohl die Aktienmärkte sich wieder erholen. Die Zahlen des Branchenverbands BVI für das erste Quartal 2004 bestätigen dieses nachlassende Interesse an Fondsprodukten. Im Vergleich zum Vorjahr ist der Nettomittelabsatz um 57 Prozent zurückgegangen. Der Grund sind die immer populärer werdenden Zertifikate, allen voran die Index-Zertifikate, die derzeit den aktiv gemanagten Fonds den Rang ablaufen.
(3), (4)

Diese Flucht in die Indexzertifikate, auch Partizipationsscheine genannt, kommt nicht von ungefähr. Denn im langjährigen Vergleich gelingt es nur etwa 20 Prozent der aktiv gemanagten Fonds, den Vergleichsindex zu schlagen. Selbst die wissenschaftliche Fachwelt ist sich bis heute nicht darüber einig, ob Indizes durch aktives Management überhaupt nachhaltig geschlagen werden können.

Mit Index-Anlagen geht der Sparer dem Managerrisiko konsequent aus dem Weg. (11) Wachsender Beliebtheit beim Anlegerpublikum erfreuen sich ebenso börsengehandelte Index-Fonds, auch Exchange Traded Funds (ETF) oder Index-Aktien genannt. Da sie ebenso wie Zertifikate die Indexentwicklung eins zu eins nachvollziehen, verbuchten sie in den vergangenen Monaten hohe Zuflüsse. (2)

Immer mehr Investoren sind verärgert darüber, dass sie für die enttäuschenden Leistungen den Fondsmanager noch stattliche Gebühren zahlen müssen.
Managementgebühren bis zu 1,5 Prozent, Ausgabeaufschläge bis fünf Prozent und teilweise noch Erfolgsbeteiligungen sind der Normalfall. Der Run auf die wesentlich günstigeren Zertifikate ist da verständlich. (5)

Vor- und Nachteile von Index-Zertifikaten gegenüber Fonds

- Zertifikate sind Schuldverschreibungen, welche dem Anleger in der Regel die Partizipation an einem Index oder an Aktien zusagen. Geht der Emittent in

Konkurs, verliert der Investor sein Geld. Beim Fonds ist das Kapital im Fall einer Pleite als Sondervermögen geschützt, Investoren haben also Zugriff darauf. Die Konkurswahrscheinlichkeit ist zwar vergleichsweise gering, handelt es sich bei den meisten Emittenten doch um Banken erstklassiger Bonität, sie sollte aber dennoch nicht außer Acht gelassen werden.
- Die mit vielen Einzelpositionen verbundenen Bankkosten, die bei Fonds wegen Umschichtung, etc. ganz natürlich auftreten, werden bei Zertifikaten vermieden.
- Die meisten Zertifikate werden ohne Aufschläge ausgegeben. Es fallen lediglich die viel niedrigeren Handelskosten an, wie sie von Aktien und Renten bekannt sind.
- Anders als bei gemanagten Fonds weiß der Anleger bei Zertifikaten genau, in welchen Titeln sein Geld steckt, denn die Zusammensetzung der Indizes und der Auswahlprozess sind bekannt. Der Kurs des Zertifikates kann leicht nachvollzogen werden, da die gängigen Indizes in den Medien oft mehrmals täglich veröffentlicht werden. Bei traditionellen Fonds erfährt er dagegen erst später, was der Manager ge- und verkauft hat.
- Genauso wie bei Fonds sind Kursgewinne nach Ablauf der einjährigen Spekulationsfrist steuerfrei. Anders als bei Ersteren werden Dividenden oder Zinsen, die in den Index reinvestiert werden, vom

Fiskus nicht belangt.

Fazit: Zertifikate sind gegenüber Fonds sehr häufig das deutlich preiswertere und transparentere Anlageinstrument. (10), (5)

Typen und Varianten von Zertifikaten

In den letzten Jahren waren dem Einfallsreichtum der Zertifikate-Emittenten keine Grenzen gesetzt. Neben den Index-Zertifikaten haben sich weitere Zertifikate-Familien mit einer unüberschaubare Anzahl von Varianten gebildet.
Derzeit häufig gehandelte Zertifikate-Typen sind:
- Turbo-Zertifikat (Knock-Out-Zertifikat): Durch die spezielle Konstruktion des Papiers wird eine Hebelwirkung auf den Kurs des Bezugswertes (kann sowohl eine Einzelaktie als auch ein Index sein) erzeugt, die sowohl nach oben als auch nach unten wirkt. Ab einer sogenannten Knock-Out-Schwelle verfällt das Papier aber wertlos. Turbo-Zertifikate sind hochspekulativ und eignen sich daher nur für erfahrene Anleger, die einen Totalverlust verkraften können; sie bieten dafür aber mit die höchsten Rendite-Chancen.

- Discount-Zertifikat: Eignet sich, um auf seitwärts dümpelnde oder leicht nachgebenden Börsen zu spekulieren. Es gibt allerdings einen Höchstpreis (Cap); er stellt den maximalen Wertzuwachs dar und ist von Anfang an festgelegt. (1) Discount-Zertfikate haben eine begrenzte Laufzeit und können sich sowohl auf Einzelaktien als auch auf Indizes beziehen.
- Garantie-Zertifikat: Das eingezahlte Kapital wird bis zur Fälligkeit in voller Höhe abgesichert. Durch die spezielle Konstruktion des Papiers sind allerdings auch nur verhaltene Renditen möglich. Garantie-Zertifikate eigenen sich für längerfristige Anlagen, die vor allem sicher sein sollen. Eine neuere Entwicklung stellen Zertifikate dar, die stufenweise Garantien enthalten, abhängig von der Kursentwicklung. (6)
- Strategie-Zertifikat: Als Bezugswert dient ein Aktienportfolio, das bestimmte, vorher genau spezifizierte Anforderungen erfüllt, z.B. hohe Dividendenrendite, ein bestimmtes KGV, etc. Die Aktien, die diese Anforderungen erfüllen werden automatisch gekauft. Die Zusammensetzung des Portfolios ist also mechanisch und bedarf keines aktiven Fondsmanagements.

Fallbeispiele

1) Index-Zertifikate auf Rentenindizes

Einer der Vorreiter zur Übertragung des Zertifikate-Konzepts auch auf Rentenfonds ist die DZ-Bank. Sie legt schon seit längerem ein Zertifikat auf, das den Wert des Rex nachzeichnet. Weil dabei die ausgezahlten Zinsen im Index verrechnet werden, handelt es sich um ein Performance-Zertifikat.
Die Dresdner Bank bietet Index-Zertifikate an, die sich auf Staatsanleihen von Ländern der Euro-Zone beziehen und in unterschiedliche Laufzeitklassen unterteilt sind.
Einen anderen Weg beschreitet die ABN Amro, die über Zins-Zertifikate eine Partizipation an den hohen Geldmarktzinsen ausländischer Märkte ermöglicht. Etwa das mit über sechs Prozent rentierende Tagesgeld in südafrikanischen Rand oder die 17-prozentige Verzinsung für die türkische Lira. (1)

2) Protect-90-60-Zertifikat (ISIN DE 000 TB3 YY9 3)

Das Papier von HSBC Trinkaus & Burkhardt setzt auf einen rollierenden Mechanismus; jeden Monat wird

das Vermögen des Zertifikats neu angelegt. Dabei gehen 90 Prozent in eine risikolose Festgeld-Anlage. Die restlichen 10 Prozent werden in eine Optionskonstruktion gesteckt, die für die Rendite sorgen soll. Bei dem Papier handelt es sich vom Typ her um ein Garantie-Zertifikat, es hat eine unbegrenzte Laufzeit, eine jährliche Gebühr von 0,5 Prozent und einen Spread von 0,20 Prozent.
Eine reinrassige Alternative zum Geldmarkt (als solche wird es beworben) ist das Produkt dennoch nicht, da es nicht jederzeit und ohne Verluste liquididiert werden kann. (1)

3) Vectis-Zertifikate

Eine neue Generation von Turbo-Zertifikaten macht derzeit auf sich aufmerksam: Die Vectis (=Hebel)-Zertifikate, die von HSBC Trinkaus & Burkhardt für den Euro Stoxx 50 aufgelegt werden.
Genau wie herkömmliche Turbo-Zertifikate verfügen sie ebenfalls über einen Hebel, dieser ist bei den Vectis-Zertifikaten aber noch höher als bei den ohnehin schon spekulativen "herkömmlichen" Turbo-Zertifikaten. Eine Laufzeitbegrenzung gibt es aber nicht, denn der Emittent schichtet einmal im Monat automatisch um, so wie man es von Rolling-Discount-Zertifikaten kennt. (8)

Weiterführende Literatur

(1) Andreß, R., Angriff auf die Zinsdepots, Welt am Sonntag, Jg. 57, 23.05.2004, Nr. 21, S. SV III
aus Börse Online vom 19.02.2004, Seite 68

(2) Vorsorge nach Plan Sparpläne mit Investmentfonds und Zertifikaten eignen sich hervorragend zur Vorsorge für das Alter: Sie streuen auf verschiedene Werte und zeigen auf lange Sicht eine gute Performance.
aus Börse Online vom 22.04.2004, Seite 76

(3) Fondsbranche mit Absatzkrise NEUGESCHÄFT / Die Konkurrenz der Zertifikate ist zu spüren. Per saldo ist das Fondsgeschäft so schwach wie seit 1995 nicht mehr.
aus Börse Online vom 07.04.2004, Seite 48

(4) Neugeschäft bricht weg INVESTMENTFONDS
aus Börse Online vom 29.04.2004, Seite 11

(5) Der Außenseiter wird zu Superman INDEXZERTIFIKATE / Zertifikate lehren Fonds inzwischen das Fürchten. Denn immer mehr Anleger ziehen es vor, den ganzen Markt zu kaufen, statt ihr Geld dem ungewissen Können eines Managers anzuvertrauen.
aus Börse Online vom 13.05.2004, Seite 52

(6) Hohe Chancen, wenig Risiken

SONDERKONSTRUKTIONEN / Mit zwei Zertifikaten der Commerzbank können Anleger bei kalkulierbarem Risiko auf den japanischen Aktienindex Topix und den Euro Stoxx 50 setzen.
aus Börse Online vom 15.04.2004, Seite 47

(7) Noch viele weiße Flecken INDEXZERTIFIKATE / Mit Zertifikaten können sich Anleger zwar in den meisten ökonomisch bedeutenden Ländern engagieren, etliche Märkte fehlen aber noch.
aus Börse Online vom 13.05.2004, Seite 56

(8) Der Turbo kommt in Bewegung KNOCK-OUT-PAPIERE / Mit neuen Vectis-Zertifikaten können Anleger den Euro Stoxx 50 ohne Laufzeitende aushebeln. Dahinter steckt ein "Rolling-Konzept".
aus Börse Online vom 07.04.2004, Seite 46

(9) Investieren in die Newcomer leicht gemacht FONDS UND ZERTIFIKATE / Gute Infos über Aktien aus Osteuropa sind Mangelware. Aber es gibt interessante Fonds und Zertifikate, in die sich der Einstieg lohnt.
aus Börse Online vom 29.04.2004, Seite 18

(10) Steinhauer, M., Sicher ins Ziel, Welt am Sonntag, Jg. 57, 23.05.2004, Nr. 21, S. SV II
aus Börse Online vom 29.04.2004, Seite 18

(11) Auf den Index wetten
aus Manager Magazin, 23.04.2004, Nr. 5, Seite 172

Impressum

Zertifikate laufen Fonds den Rang ab

Bibliografische Information der deutschen Nationalbibliothek

Die Deutsche Nationalbibliothek verzeichnet diese Publikation in der deutschen Nationalbibliografie; detaillierte bibliografische Daten sind im Internet über http://dnb.d-nb.de abrufbar.

ISBN: 978-3-7379-0428-5

© 2015 GBI-Genios Deutsche Wirtschaftsdatenbank GmbH, Freischützstraße 96, 81927 München, www.genios.de

Alle Rechte vorbehalten. Dieses Werk ist einschließlich aller seiner Teile – z.B. Texte, Tabellen und Grafiken - urheberrechtlich geschützt. Jede Verwertung außerhalb der Grenzen des Urheberrechtsgesetzes bedarf der vorherigen Zustimmung des Verlags. Dies gilt insbesondere auch für auszugsweise Nachdrucke, fotomechanische Vervielfältigungen (Fotokopie/Mikroskopie), Übersetzungen, Auswertungen durch Datenbanken oder ähnliche Einrichtungen und die Einspeicherung und Verarbeitung in elektronischen Systemen.